Christiane Herrlinger
Mathias Weber

Die Oster-geschichte

AF185905

Deutsche Bibelgesellschaft

INHALT

Jesus kommt nach Jerusalem   3

Das Abschiedsmahl   8

Im Garten Getsemani   12

Petrus   18

Jesus wird verhört   20

Das Urteil   26

Am Kreuz   28

Jesus lebt!   34

Jesus kommt nach Jerusalem

In der Stadt Jerusalem war viel los.
Alle bereiteten sich auf das wichtigste Fest
im Jahr vor: das Passa-Fest.

Auch Jesus und seine Jünger wollten
das Passa-Fest in Jerusalem feiern.

Auf einem Esel ritt Jesus in die Stadt.
Die Leute erkannten ihn
und jubelten ihm zu.
„Jesus ist unser König!", riefen sie.
„Gott hat ihn geschickt!"

Doch die Priester und
Gesetzeslehrer sagten:
„Seht nur, wie Jesus sich feiern lässt!
Das geht wirklich zu weit!"

Sie ärgerten sich schon lange über Jesus.
Jetzt beschlossen sie, ihn zu töten.
„Aber niemand darf sehen, wie wir Jesus
gefangen nehmen", sagten sie.

Da kam ein Jünger von Jesus zu ihnen.
Es war Judas. Er sagte:
„Ich zeige euch, wo ihr Jesus festnehmen
könnt. Was gebt ihr mir dafür?"

„Dreißig Silberstücke", boten sie an.
Und Judas war einverstanden.

Das Abschiedsmahl

Die Jünger freuten sich auf das Festessen.
Erwartungsvoll setzten
sie sich an den gedeckten Tisch.

Doch Jesus sagte traurig:
„Heute esse ich zum letzten Mal
mit euch. Bald werde ich sterben."

Jesus nahm das Brot und sprach ein
Dankgebet. Er brach das Brot in Stücke,
gab es den Jüngern und sagte:
„Das Brot bin ich.
Ich gebe mich selbst für euch."

Die Jünger aßen und Jesus sagte:
„Tut das immer wieder und
erinnert euch dabei an mich."

Nach dem Essen nahm Jesus
den Becher mit Wein und sagte:
„Der Wein ist mein Leben.
Ich verschenke es für euch
und für alle Menschen.
Damit zeigt Gott euch seine Liebe."

Die Jünger tranken
und blickten sich verwundert an.

Nach dem Essen sagte Jesus
zu den Jüngern:
„Einer von euch wird mich verraten."

Entsetzt riefen die Jünger:
„Wer von uns könnte so etwas tun?"

Petrus sagte: „Ich sicher nicht!
Ich werde immer zu dir halten!"

Aber Jesus erwiderte:
„Nein, Petrus, noch bevor der Hahn kräht,
wirst du dreimal behaupten:
‚Ich kenne Jesus nicht.'"

Während die Jünger aufgebracht
durcheinanderredeten,
schlich sich Judas leise davon.

Im Garten Getsemani

Danach gingen Jesus und die Jünger
in den Garten Getsemani am Ölberg.

Jesus sagte: „Bleibt hier und betet."
Er wollte allein sein. Er hatte Angst.

Ein paar Schritte weiter warf er sich
auf die Erde und betete:
„Vater, ich will nicht sterben!
Aber es soll passieren, was du willst,
nicht was ich will."

Da kam ein Engel vom Himmel
und gab ihm neue Kraft.

Als Jesus zu den Jüngern zurückkam,
schliefen sie.
Jesus weckte sie und sagte:
„Wie könnt ihr jetzt schlafen?"

Da kamen Männer mit Schwertern
und Knüppeln. Ganz vorne lief Judas.
Er flüsterte den Männern zu:
„Ich zeige euch, welcher Jesus ist."

Er ging zu Jesus und gab ihm einen Kuss.
Nun wussten die Männer Bescheid.

Endlich begriffen auch die Jünger:
Die Männer wollten Jesus verhaften!
Judas hatte ihn verraten!

„Jesus, wir kämpfen für dich!",
riefen die Jünger. Einer zog ein Schwert.
Doch Jesus sagte: „Nein. Hört auf."

Da packten die Männer Jesus
und führten ihn weg.

Petrus

Die Männer brachten Jesus
in das Haus des Obersten Priesters.
Petrus schlich ihnen nach bis in den Hof.
Da saßen Diener um ein Feuer.

Ein Dienstmädchen zeigte mit dem
Finger auf Petrus und rief:
„Der da war auch mit Jesus zusammen!"

Petrus bekam Angst. Schnell log er:
„Nein, ich kenne Jesus nicht!"

Dann sagten auch zwei andere:
„Doch, du gehörst auch zu denen!"

Jedes Mal behauptete Petrus:
„Ich habe nichts mit Jesus zu tun!"
Gerade als er das zum dritten Mal sagte,
krähte ein Hahn.

Da merkte Petrus, was er getan hatte,
und er lief weinend davon.

Jesus wird verhört

Am nächsten Morgen war das Haus
des Obersten Priesters voll.
Alle wichtigen Männer aus dem Volk
waren da. Sie wollten Jesus verhören.
Jesus wurde hereingeführt.

Sie fragten ihn:
„Bist du der König, den Gott schickt?
Bist du der Sohn Gottes?"
Jesus antwortete: „Ja, das bin ich."

Da schrien die Männer:
„Er behauptet, er ist Gottes Sohn!
Das ist eine Beleidigung für Gott!
Jesus muss sterben!"

Sie brachten Jesus zu Pilatus.
Pilatus regierte das Land der Juden
für den römischen Kaiser.

Die Männer forderten: „Du musst
Jesus verurteilen! Er ist gefährlich.
Er macht sich selbst zum König."

Pilatus fragte Jesus:
„Bist du der König der Juden?"
Jesus antwortete: „Du sagst es."

Pilatus überlegte. Dann entschied er:
„Das ist kein Grund, ihn zu verurteilen.
Außerdem kommt Jesus aus Galiläa.
Dann muss Herodes über ihn entscheiden.
Er regiert in Galiläa."

Also brachten sie Jesus zu Herodes.
Herodes stellte ihm viele Fragen.
Aber Jesus gab keine Antwort.

Herodes war enttäuscht.
Er rief: „Der will ein König sein?
Los, zieht ihm einen Königsmantel an,
damit er wenigstens ein
bisschen aussieht wie ein König!"

Die Soldaten hängten Jesus
einen roten Mantel um.
Sie verbeugten sich zum Spaß
vor Jesus und lachten ihn aus.

Das Urteil

Danach brachten sie Jesus zu Pilatus
zurück. Pilatus sagte:
„Jesus hat nichts Schlimmes getan.
Herodes hat auch nichts gegen ihn
gefunden. Also lasse ich Jesus frei.“

Doch die Leute schrien:
„Nein! Weg mit ihm! Kreuzige ihn!"
„Was hat er denn getan?", fragte Pilatus.
Doch die Leute schrien nur immer lauter:
„Kreuzige ihn! Kreuzige ihn!!"

Da gab Pilatus nach.
Er befahl, Jesus ans Kreuz zu nageln.

Am Kreuz

Die Soldaten führten Jesus hinaus
zum Hinrichtungsplatz.
Dort nagelten sie ihn ans Kreuz.

Einige der Leute, die da standen,
machten sich lustig über Jesus:
„Anderen hat er geholfen.
Aber sich selbst kann er nicht helfen!"
Und die Soldaten riefen:
„Los, steig doch runter vom Kreuz!"

Aber Jesus betete zu Gott:
„Vater, vergib ihnen.
Sie wissen nicht, was sie tun."

Gegen Mittag wurde es plötzlich
dunkel im ganzen Land. Drei Stunden
lang blieb es finster.

Dann schrie Jesus laut zu Gott:
„Vater, ich gebe mein Leben
in deine Hände!"
Danach starb er.

Staunend sagte der Soldatenhauptmann:
„Dieser Mensch war wirklich
Gottes Sohn!"

Die Jünger und die Frauen, die mit Jesus
aus Galiläa gekommen waren,
standen ein Stück entfernt.
Sie sahen alles mit an.

Josef aus der Stadt Arimathäa
war ein Freund von Jesus.
Er ging zu Pilatus und bat ihn:
„Bitte lass mich Jesus in ein Grab legen."
Pilatus erlaubte es.

Josef nahm den toten Jesus vom Kreuz
und wickelte ihn in ein Tuch.
Dann legte er ihn in ein Grab,
das in einen Felsen gehauen war.
Vor den Eingang rollte er
einen großen Stein.

Die Frauen sahen zu.
Dann gingen sie in die Stadt zurück
und bereiteten duftendes Öl zu.
Damit wollten sie Jesus einreiben,
wie es bei einem Begräbnis üblich war.

Doch weil es schon spät am Abend war,
konnten sie nicht mehr hinausgehen.
Der nächste Tag war der Sabbat,
der Ruhetag der Juden.
Auch diesen Tag warteten sie ab.

Jesus lebt!

Ganz früh am Sonntagmorgen
gingen die Frauen zum Grab.

Da sahen sie: Jemand hatte
den großen Stein vom Grab gerollt!

Sie blickten in das Grab.
Jesus lag nicht mehr dort!
Sie staunten:
„Was ist nur geschehen?"

Plötzlich standen zwei Männer
neben ihnen. Ihre Kleidung leuchtete hell.
Die Frauen bekamen Angst.
Waren das Engel?

Die beiden sagten:
„Ihr sucht Jesus? Er ist nicht hier.
Denn er ist nicht mehr tot. Er lebt!
Gott hat ihn vom Tod auferweckt."

Aufgeregt liefen die Frauen
zurück in die Stadt zu den Jüngern.
„Das Grab ist leer!", riefen sie.
„Und zwei Engel sagten: Jesus lebt!"

Die Jünger glaubten den Frauen nicht.
„Was erzählt ihr denn da!", sagten sie.

Nur Petrus sagte nichts.

Er stand auf und lief zum Grab.

Er sah hinein.

Tatsächlich! Da lag nur das Tuch.

Jesus war nicht da.

Nachdenklich kehrte Petrus
zu den anderen zurück.

Die Jünger redeten aufgeregt miteinander.

Konnte das sein?

War Jesus auferstanden?

Plötzlich stand Jesus selbst bei ihnen.
Sie erschraken. Denn sie dachten:
„Das ist ein Gespenst!"

Aber Jesus sagte:
„Habt keine Angst. Ich bin es wirklich.
Kommt, fasst mich an! Ein Gespenst
kann man doch nicht anfassen."

Jesus fragte: „Habt ihr etwas zu essen?"
Sie gaben ihm einen gebratenen Fisch.
Jesus aß ihn.

Jetzt glaubten es die Jünger endlich:
Jesus lebte! Und er war bei ihnen.
Er war wirklich auferstanden!

Kennst du die schon?

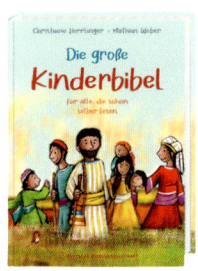

Die große Kinderbibel

Die Kinder-Themen-Bibel

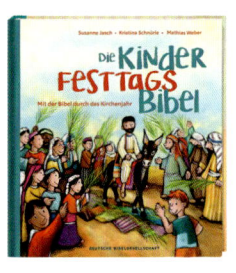

Die Kinder-Festtags-Bibel

Bibel-Memo

**Noah und die Arche.
Für dich!**

**Die Weihnachtsgeschichte.
Für dich!**

Mehr unter www.die-bibel